늙은 장판

늙은 장판

2025년 10월 17일 초판 1쇄 인쇄 발행

지은이	임채화
펴낸이	박종래
펴낸곳	도서출판 명성서림

등록번호	301-2014-013
주소	04625 서울시 중구 필동로 6 (2, 3층)
대표전화	02)2277-2800
팩스	02)2277-8945
이메일	msprint8944@naver.com

값 10,000원
ISBN 979-11-7439-044-8

본 책의 구성 및 맞춤법, 띄어쓰기는 작가의 의도에 따랐습니다.
이 책의 저작권은 저자와 도서출판 명성서림에 있습니다. 무단 전재 및 복제를 금합니다.
이 책 내용의 일부 또는 전부를 재사용하려면 반드시 저자와 도서출판 명성서림의 동의를 얻어야 합니다.
파본은 구입처에서 바꾸어 드립니다.

늙은 장판

임채화 시집

No. 1

시람 발머리에

하늘에도 별이 없고
땅에도 꽃이 없는때
사람에게 핀 사랑이 있다고
생각해 보라

무슨 재미생각 쭉
이유도 없으리라.

No. 2

임채화
시인이
첫 시집을 상재한다

하늘이 곧 별이 시요
땅 에도 꽃이 시요
시인에게는
사랑이 시다.

No. 3

기 3번 학등편 임채화 시인
깨끗 문학정념 신인상 수상
시와 명주 투기회 회원이다.

그대 첫 생이은 우름별에 있고다
시며 나픈 발출 열은
숨어 있그림
깨끗 새를
비문기
깨꽃시

No. 4

진실의 눈내를 오랴고
하늘은 나라 놓는 몸땅 시내
곡속 고비식라그 가름속의 시나를
임 채 화 시인의 시들은 숨결이라

창산 사이로 비치와 숨기로
지역 복지권림
그의 놀에서 책임을 들고 있다
상은 젊은 가까우 쫓고
짜 그음

No. 5

숨의 정 오도의
우정은
우뺀 11행이다
개운이 곧 이나면
은영일이 빼먹 서해를 맞는
쪽쪽 등은 흙속 있드시
화늘이 빛일

하늘에도
별이 시요

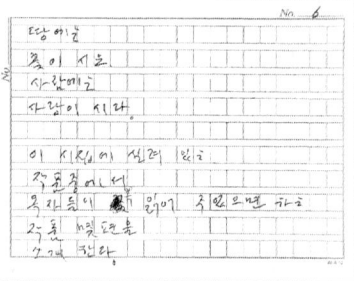

No. 6

땅에도
꽃이 시요
사랑에도
사랑이 시라

이 시집에 실려 있는
주목질에서
옥같음이 읽어 수없으면 하는
주름 뺏도록
수각 찬다

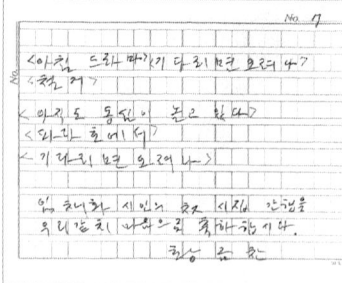

No. 7

<아침 드라 깨기 다리보면 오려나?>
<철거>
<아직도 동신이 논고 한다>
<외자 혹에서>
<기다리 보면 오려나>

임 채화 시인의 첫 시집 간행을
우리등치 과하으로 축하합시다.
황 윤 한

시집 앞머리에

하늘에는 별이 없고
땅에는 꽃이 없으며
사람에겐 사랑이 없다고
생각해보자.

두 번 다시 생각할
이웃도 없으리라.

임채화
시인이
첫 시집을 상재한다.

하늘에는 별이 시요
땅에는 꽃이 시요
시인에게는
사랑이 시다.

제 3문학등단 임채화 시인
계간 문학광장 신인상 수상
시와 창작 작가회 회원이다.

그가 첫 시집을 구름밭에 심는다
시의 구름밭을 열고
날개를 펴는
하늘 새들
비둘기
뻐꾹새
전설의 날개를 펴고
하늘을 날고 있는 봉황새
모두 신비스러운 구름 속의 새들
임채화 시인의 새들의 날개리라.

창살 사이로 비집고 들어온
젖꼭지처럼
그의 팔에서 혈관을 찾고 있다
<늙은 장판>에서 찾은
한두 줄

늙은 장판의
구성은
5연 11행이다
가을이 깊어가면
은행잎이 변색하는 것을
누구도 볼 수 있듯이
하늘이 멀다.

하늘에는
별이 시요
땅에는
꽃이 시요
사람에는
사랑이 시다.

이 시집에 실려 있는
작품 중에서
독자들이 꼭 읽어 주었으면 하는
작품 몇 편을 소개한다

<아침 드라마>
<기다리면 오려나>
<철거>
<아직도 동심이 놀고 있다>
<파라호에서>
<기라리면 오려나>

임채화 시인의 첫 시집 간행을
우리 한마음으로 축하합시다.

- 황금찬

차례

시집 앞머리에 05
작가 프로필 139

제1부 의미를 맛본다

늙은 장판	12	낮보다 환한 밤	24
아침 드라마	13	짧은 시간에	25
기다리면 오려나	14	의미를 맛본다	26
철거	15	약속 시간보다 조금 일찍 한	27
아직도 동심이 놀고 있다	16	꼼수(한 되 주고 한 섬 받는다)	28
파라호에서	17	쌩쌩 달리는 세월 앞에서	29
여자의 창가는 또 다른 세상	18	주름이 앓는다	30
지금은 안방 벽 나 걸려 있네	19	자신을 돌아보라	31
타임머신을 기다리며	20	미안합니다 사랑합니다	32
유기견을 키우는 그녀	21	당신은 늘 사랑입니다	34
은행에서의 단상	22	수채화 속 농부	36
그녀의 수행은 끝이 없다	23		

제2부 언어로 날을 세우며

너를 처음 만난 그날	38	외로운 시인의 밤	50
혼돈	39	술잔	51
살아가는 쉼터	40	제부도	52
뒤틀린 여행	42	어머니 닮은 눈물	54
삶의 작업실	44	언어로 날을 세우며	55
섬	45	보고 싶은 빈 가슴 하늘만 본다	56
너라는 사람의 독백	46	오래 앓은 시간	58
호수 섬	47	햇빛에 걸터앉아 숨 고르는 사이에	59
가끔은 친구로 오는 바다	48	당신은 내 사랑	60
그대는 아직 작업 중?	49	시인인 나를 부른다	62

제3부 언제나 그 자리에

가을 사랑	64	라면을 끓이다	75
긴 아픔이 투덜댄다	66	낮술에 취해 떨어진 은행	76
마냥 웃다 너를 본다	67	멈춤	78
기다림을 걷는다	68	이빨 빠진 호랑이로세	79
그냥 놔두면 오르는 길	69	언제나 그 자리에	80
너를 기다리며	70	마음을 위해 마시는 술	81
자궁	71	장맛비	82
타협	72	사악한 뱀	83
외출	73	하루가 머무는 자리	84
세월을 먹은 억새	74		

제4부 책장 넘기는 하루

억새 86	여드름 97
넘치는 휴지통 87	순두부와 곱슬머리가 동침을 한다 98
어디에든 섬이 있다 88	영종도 낚시터에서 99
내 집 창가에서 89	낙원동의 봄 100
완행열차가 애인이던 날 90	한적한 시간을 101
덤으로 사는 시간에 92	시골 가는 논두렁에서 102
담장 너머로 핀 능소화 93	커피 한 잔에도 사랑이 산다 103
흔적은 기억으로 떠났다(철거) 94	책장 넘기는 하루 104
영종도 가는 길 95	애써 혼자되어 106
아무도 없는 시간 96	

제5부 기다림의 미학

사연은 늘 슬프다 110	등짐 내려놓기도 버거운 생 앞에서 124
낡고 늙은 먼지 111	고약한 인생살이 126
밑그림 없는 삶 끝에 엉킨 여운 112	기억에서 새벽 눈을 떴다 128
폭설 114	쏜살같은 너는 오고 있는 거니 130
버리고 비운다 116	붉은 꽃 입술 132
봄의 전령사傳令使 117	가장 뜨거운 밤 133
비릿한 냄새 옹알이 118	집 가는 길 너를 기다린다 134
무책임한 자식 119	주어진 삶 136
푹 쉬는 공간에서 120	기다림의 미학 138
생각과 행동이 다른 빛은 어떻게 번질까 122	

제1부

의미를 맛본다

늙은 장판

  안색이 누렇게 뜬 한 마리 짐승이 가죽만 남은 채 누워 있다

  창살 사이로 비집고 들어온
  젖꼭지처럼 말라비틀어진 햇살이
  그의 팔에서 혈관을 찾고 있다

  젖동냥을 하러 온 어린 바람은 또 헛걸음을 하고 돌아갔는지
  비릿한 슬픔이 안방 가득하다

  네다리를 감추고서 내 꿈속까지 따라와
  아직은 맹수인 양 냄새를 맡는

  더 이상 회복의 기미가 없는
  기억의 팔뚝을 잡고
  가득 고인 시간을 토하려 한다

아침 드라마

어둠 몇 뿌리 털어 낸
눈곱 낀 햇살이
이른 도마질을 한다

풍치로
잠을 설친 늙은 장판
입 냄새를 풍기며 기지개를 켠다

아직 수행 중인 어린 죽염을
허공이 또 한 됫박
쥐어짜고 있다

오래전부터
거울 속에 들어앉아 있는
낯익은 저 여자

그녀는
아직도
긴 외출 중이다

기다리면 오려나

기다려도 기다려도
편지 한 장 없는 우체통
열 손깍지 낀 채
초조한 오후
우체부 아저씨만 기다린다

다섯 손가락
빨간 인주에 손 지문 남기고
도화지 속
그리움을 눈으로 그리며
언제 오려나

처벅처벅
새로 깔린 길을 따라
해가 뜨고 달이 지면
빨간 우체통 봄 꽃씨 담고
기다리면 오려나

희망을 담고 우주에서

철거

배내옷 품이었을 단칸방이 뽑혀진다
보이는 것이 전부인 채 사는
그림자의 입술이 부르텄다
이 빠진 확성기가 거품을 물고 자빠지더니
빈 상자 접던 할미꽃이 꺾인다
불꽃이 훨훨 진다
그래 어쩌란 말이냐
또 선거판 사탕발림만 깨물고 살란 말이냐
아니다
흔적은 기억으로 다시 나설 거다

아직도 동심이 놀고 있다

추억 젖어드는 오후
오 남매 북적거리던 시절이 살아 찾아온다
개울가에서 깨끗해진 엄마 빨래가
기다란 빨랫줄에 매달리면
마치 오선지 콩나물 같았지요
온갖 대야를 가지고 줄 이은 동네 사람들
성수인 양 조심스레 날랐습니다
뜨물 넣은 된장국 끓는 소리가 조용해지고
밥물이 흘러 부르는 거품 노래가 끝나면
뜸 끝나기를 기다리는 오 분 대기조 우리는
냄새로도 배가 불렀습니다
어제를 두고 내일로 달리다가 가끔은 잊었지만
여기 가슴 한편엔
오 남매 아이들이 아직도 놀고 있지요

시멘트벽으로 가로막힌 거실에 앉아
컴퓨터를 하는 두 딸의 머리에
그저 생각으로 대야를 올려 보는데
안방 문 옆 액자 위에
아버지가 쓰던 물지게가 걸립니다

파라호에서

한 줌 꿈이나 미래의 나라라고
한걸음 힘을 주며
누군가 낯선 구멍의 끝자락을 뚫을 때면
자 보시게
끝없는 수평선을 향해 벌컥
흔적이 물거품을 삼키지 않는가

들쑥날쑥 밀려오는 그리움 같은 거 말이야
사실 삶의 폭염이나 찬 서리에
두 볼 머리 뒤로 숨기고 서서 보면
끊임없이 뻗은 완행열차 타고
펼쳐진 광경을 흠뻑 마시는 거랑 별반 차이 없다네

투망보다 더 투명했던 하루 새까맣게 그을고
설레던 산형석의 모습이
내내 안개 속에 휩싸여 마음을 무겁게 짓눌러도 친구
다들 시신경마저 눌리고 산다네

월척 같은 저 노을처럼 말일세

여자의 창가는 또 다른 세상

삶은 이른 아침부터 골목에서 시작된다

오늘은 봄이 자리를 잡는 날
바람은 대로에서 골목 쪽으로 불고
진달래보다 먼저 핀 동네 아낙들이 시끄럽다
여자가 창문을 열자 커피 향이 새어난다
여자는 늘 종이비행기를 접었다
여자의 비행기에는 특별한 세월이 얹혀 있지만
한 번도 날아오른 적이 없다

창문을 닫고 돌아서던 여자는 문득 아낙들의
조잘거림이 궁금해진다
창밖엔 여전한 아낙들의 수다가
노랫가락처럼 시구인 듯
소설의 페이지를 채우고 있다

지금은 안방 벽 나 걸려 있네

철썩거리는 파도에
몹시 지친 햇빛은
작은 돌멩이 안에 자화상 하나 그려놓고
그 이름 수석이라 한다

얼마나 오랜 세월 기다렸을까
검푸른 물소리에 한숨을 쉬고
매일 오고 가는 낯설은
저 배들

오늘은 나를 찾아왔을까
물빛에 그을린 내 육신 햇살에 반사되어
이곳저곳 웅덩이 잔뜩 파 놓고
희미해진 두 눈 감으라 한다

미끄덩거리는 파아란 이끼로
곱스런 양장 차려 입고 그려댄다
그 얼굴 잘 나왔다 껄껄 웃다가
지금은 안방 벽 나 걸려 있네

타임머신을 기다리며

날이 멈추니
도망가기 바쁜 시간
너의 생각을 닮고픈 걸 알았을까
손님을 거부하며 안겨 온다

늘 그러했듯이
느낌은 감정을 지배하고
울고 웃다가 지쳐
멍하니 진실을 만나
곱슬머리가 생머리를 휘어잡아
이번은 다르다 한다

뒤늦은 인연의 귓속말
다 들려도 모르는 척
어색한 청춘의 줄다리가 밉지 않다

神도 잠시 상념에 빠진 지금
난 사랑한다
그대를

유기견을 키우는 그녀

저 건너편에 보이는
아주 평범한 집으로
바람은 말없이 다가간다

산소를 들이마시고
이산화탄소를 내뱉는 평범한 일상조차도
힘이 드는 집

외딴집을 바라보며
허공이
말없이 눈물방울들을 눈 안으로 몰아넣는다

두 손으로
자신의 생계를 밧줄로 졸라맨 후에야 비로소
열 한 마리의 울음을 등에 뉘인 그녀

새 생명으로 다시 사는
오늘 밤
은총처럼 별들이 반짝인다

그녀의 수명이 더 늘어나가는 것이 보인다

은행에서의 단상

횡단보도가 급히 길을 건너고 있다
빨간 신호등 두 손이 땀에 젖어 있고
아직 은행은 머릿속이 멍하다

무표정한 자동 코너를 지나 번호판 앞에 선다
문득 통장 너머로 보이는 세상
사람들은 숫자보다 더 빠르다

나는 대체 무엇과 이체가 되었을까
지난밤엔 거스름돈처럼 초승달이 뜨고
오래전 잃어버린 내 계좌를 한참 생각했다

피도 돌지 않는 기계 속에서
다시 한 달 치 시간을 인출한다
파란 신호등을 다 건너가고 있는 오전
난 그만 길을 잃는다

그녀의 수행은 끝이 없다

시가 머무는 햇살
억새꽃이 뿜어낸 함박눈
한겨울 시를 잉태한다

아직 수행 중인 그녀
길 잃은 시간으로 진통하며
밤샘 습작으로 우주를 꿰뚫어 낳는다

저물녘
미로 속을 질주하는 작가들
삶은 시를 잘게 부순다

쓰고 지우고 붙이기를 반복
알록달록 꼬까옷을 입은 시어들
그녀는 윤곽을 잡아 주며 고정을 시킨다

한겨울에 태어난 그녀
세상 밖 시의 공간에서
시간을 길게 늦춘다

그녀의 수행은 아직 진행 중

낮보다 환한 밤

찬바람이 한 뼘씩 다가오고
몸이 익숙해져 가는 겨울
창문 틈으로 밤은 찾아온다

도로 위 갓길에도
바닷가 새벽바람을 만나면
찬 서리는 바닷가 벤치에
나보다 먼저 주저앉았다

인천 영종도 바닷가에서
천사의 날개를 펴고
세상에 흔들린 마음 하나
그대와 머무는 시간

낮보다 가로등이 환해져 오고
달빛에 매달린 눈길 사로잡은
그대의 향긋한 품 안이 평화롭다

짧은 시간에

물왕리 호수에서 첫 장을 쓴다
호수는 시간을 내주듯
그녀는 끓인 라면을 먹고
하늘 저편으로 흐르는
호수 빛 눈동자를 바라보며
주름진 물결 위에 자신을 발견한다
어쩌다 마주 오는 차를 만나면
자동차 불빛은
그녀의 눈과 마주치고
가을의 전설을 내뿜은 불꽃 축제를 한다
순수한 호숫가에 전류가 흐르고
그 맛은 세상이 다르다 한다
시인의 시간을 기다리는 동안
짙은 안개를 뚫고 달의 기운은
마술을 부리는 것처럼 쇼를 한다
가을은 뒷걸음치면서 시끌벅적하게 놀고 있다

의미를 맛본다

오늘이 무슨 날인지 아니
쪼금은 알 줄 알았는데
눈에 띌 정도로 오돌토돌하게 생긴
빼빼로 사다 주는 날이라는데
받아보고 싶고 주고도 싶다
슈퍼를 들어가면 정말 고민이 되더라고
애인도 없이 사려니까
마음으로 찜만 해 놓고 그냥 나왔다
또 다른 마음은
이 고백 한번으로
연애 고민을 다 털어 내고 싶은 욕심도 있다
심장이 쿵쾅대고
큰 용기를 내야 하는데
이 길은 결코 어둠의 길이다
비상등도 잠시 깜빡이고
바람은 위안을 해 숨을 돌리고
삶 속에 삶의 끈
잠시나마 머금은 달콤함을 맛본다

만약
사랑하는 사람에게 다시 한번 고백한다면

약속 시간보다 조금 일찍 한

어제가 다르고 오늘이 다르다 합니다
가끔 한두 시쯤 깨어나 물을 마시고
아파트 베란다에 앉아
생각보다 앙상한 나뭇가지들을 바라보면서
온몸으로 똘똘 말린 채 허리 굽은 나뭇잎을 봅니다
쌩쌩 달리는 도로 주변 근처를 배회하는
바람이 멈춰 선 낙엽 더미
겨울 입맛에 맞을지 모를 앞뒤로 흔들어 떨어지는 저 소리
간밤에 자연스레 알몸 수줍어 바람이 몸을 감 쌌건만
떨어지네
누군가를 찾은 건지
길 잃은 먼지 켜켜이 뒤집어쓰고
그 아름다운 시간 속 너머 꿈속 같은
이 가을 단풍과 낙엽이 벌이는 향연 앞에서
겨울은 약속 시간보다 조금 빠르게 얼굴을 내밉니다

꼼수(한 되 주고 한 섬 받는다)

소용돌이 숨이 막혀 갇힌 비상
여전히 비명에 움츠리고
뉘 앞지르는 언성서리
일하고도 꼼비기 못하니
살아도 막막한 삶 헛웃음 짓는다

누구에게 말할까
애초에 괴롭다 한숨짓는
가슴앓이했던 통증痛症
가을 부뚜막 젊음은 고집이 다르고
고분古墳 앞에서 소나무 진津 흐른다

삶의 메아리를 알고 시작하는지
가끔은 까맣게 잊곤 한다

쌩쌩 달리는 세월 앞에서

봄 향기 그려 낸 하늘
잔뜩 웅크린 선잠 깬 햇살
굳은살 박인 일터로 구름길 따라
몸부림치는 새벽을 달린다

여태껏 지탱한 주름진 얼굴
허기진 마음 둘 곳 없는
삶 한쪽 울먹이는 목울대

마침내
생뚱맞은 시간이 흐르고
노동에 시달린 온몸의 관절통
늙음도 젊음도 이제는 웃는다

삐거덕거리는 아픔을 무시하지 못하듯

주름이 앓는다

겨울이 문틈으로 스며든다
새벽녘 뼛속 시리게 파고든
바람이 무릎에 앉아 구시렁거린다.
속살 안으로 제 안방인 양
찾아온 통증이 혼자 말로 애써 감추고
매해 반복되는 서러움
어느덧 굵은 주름 늘어만 가고
눈 뜨면 자동으로 주무르는 손길
서툰 공기도 힘주며 어루만진다
허리도 아프고 으스러질 것 같은
온몸이 방안을 나뒹굴고
세월의 시간이 눈가를 스치며 운다
앞으로 점점 더 서럽겠지
어느 때는 거짓말처럼 멀쩡하다가도
오늘처럼 끙끙 앓을 때
육십 인생 초반 깔깔 웃으며 견딘다

가고 오는 세월 눈 마주치며
괜찮다 주문 외우듯

자신을 돌아보라

나는 말한다
온다고 말해 놓고 도대체 간 보는 건지
신맛 쓴맛 단맛 인생 맛 왜 모를까

세상이 그리 만만하지 않음을
삶은 기다리지 않아 시간도 동무이겠지
아무리 죽어라 일해도
죽고 사는 건 운명이겠지만 자신을 치유하는 건
중심 세우고 남 탓하지 않는 것
바로 스스로 결정해야 함인데
으스러지고 다 망가지고 벌렁벌렁 누울 때는
이미 살아가는 강도에 상처투성이겠지
남이 돕는 것처럼 느끼는 것도
자신은 알고 있어도 모르는 척 두뇌를 조종하는 거지
아니라고 믿는 거겠지!
하지만 매번 보아도 이용하는 사람보다
이용을 당하는 것이 더 바보 아닐까?
지금부터라도 너 자신을 위해 살자
그래야 계절에 맞은 꽃도 피우고 웃는다

인생은 배우고 배워도 끝이 없기에
해결책은 없다

미안합니다 사랑합니다

가을 준비에 여념이 없는 논두렁엔
풀벌레도 떠날 준비하고
그대가 끌어다 놓은 나의 계절은
미련이란 이름으로 첫눈이 내립니다
사연을 알고 있듯
귓불을 애무하는 낯익은 바람이
그리움이란 목소리로 말을 건넵니다
사랑함으로 때로는 기쁨이지만
질투 심한 슬픔이 잠재하고 있는 것
인간이어서 울어야 할 때도
기쁨은 항상 대기하고 있는 것이다
왜일까요 그저
노트에 적힌 상투적인 논리로 들립니다
가슴이 협소한 까닭이겠지요

그날 밤
그대가 이글거리는 붉은색일 때
덩달아 변할 수 있었으면 좋았을 텐데
회색으로 엉거주춤
털어 버린 속내가 후회스럽습니다
사랑하는 사람의 마음을 밀어내고
인내 부족한 사랑으로
힘든 밤이 되려고 합니다

당신은 늘 사랑입니다

햇살은 여름을 시들게 하고
가을바람이 예약하러 왔을까요
고개 삐쭉 허리 흔들
리듬에 맞춰 나뭇가지가 춤을 춥니다

혼자인 시인은 바람을 친구 삼아 손잡고
그리움과 나들이를 떠나고 싶어 하는 줄도 모릅니다
흙 내음으로 쑥쑥 자란 저 풀잎이
발을 내딛는 고요를 깨고
오랜 세월 당신을 기다리는지도 모릅니다

그래서인가요
깊이 팬 지난 흔적을 더듬습니다
만지고 기억하려 해도
지친 육신은 휴식을 갈망합니다

가을이 내민 손이 시인의 어깨에 걸칩니다
흔적을 지우려 하지 말고 하늘을 보라 합니다
마치 당신의 미소 같은 구름이 웃고 있습니다

덩달아
웃고 있는 시인의 미소에
아주 짧은 유행가 가사가 음률 되어 들려옵니다
내 곁에 없어도 당신을 사랑할 거야

수채화 속 농부

논두렁 풀빛이 점차 갈색으로 변할 무렵
논배미에 파란 하늘이 통째로 떨어진다
논 한가운데에서
허리를 굽혀 피를 뽑던 농부가
하늘 캔버스에 갇히고 만다
잠시 허리를 펴고 담배 한 대 태워 문
농부의 옷자락에 흙 물감이 묻어 있다
농부가 뿜어낸 담배 연기가 뭉글뭉글 피어오른다
커다란 하늘 캔버스 안에는
누렇게 익어 가는 벼와 갈색 잡초를 바탕으로
하얀 담배 구름 아래
밀짚모자를 벗고 땀을 훔치는
농부를 담은 추경 수채화가 완성되었다

제2부

언어로 날을 세우며

너를 처음 만난 그날

너를 처음 만난 그날
태연한 척했지만 두근거리는
느낌 하나로 밤 지새우며

4월 붉은 벚꽃 잎 휘날릴 때
밤 향기 가득 채우며
진실이 싹트고 있다는 걸

가슴으로 부르는 눈빛 속에
이미 알고 있었을까
떨리는 너의 숨소리를 듣고
벌써 알아챈 거겠지

멍해져 오는 귀 쫑긋 세우며
한 올씩 풀어 나가는 이야기
지우개로 지워 가야 한다고

자판기 커피 입으로 불어다 주고
환한 불빛 손으로 막으며
밤 꼬박 새우고서야 마음을 알고
약속해버리고 말았지

혼돈

파도가 출렁
빠르고 얇은 깊은 호흡
편하지 못한 고정된 몸
요 며칠
마음은 등대를 기다린다

찾을수록 떠나는 빛
등대섬조차 무인도 찾아 떠난 뒤
회색 빌딩이 자리 잡고
네온사인이 등대라며 우긴다

발자국이 백사장인 채
육신을 비비다가
힘들고 지친 시간
무감각 논리에 떨어진다

빛이 없어도 살 수 있는 생명은
몇이나 될까

살아가는 쉼터

무더운 여름날
땀은 범벅으로 흐른다
연초록이 우거진 쉼터에서
빠르게 지나는 바람

올여름은 버티기 힘든
철없는 기억이 감정을 잡고
헉헉 내쉬는 소리가 버겁다

자유로운 세상에서
텅 빈 의자의 삶은
바라보는 시선만으로

이별을 찾는 듯
뜨거운 햇빛에 숨 몰아쉬고
여름 펼치는 단어에 말을 한다

쉬어 가려는 작은 조각
마음을 사로잡는다
퍼즐 속 삶이 지금이다

삶의 의미가 연습이듯

뒤틀린 여행

저기
너 닮은 바위와 파도
감고 흐르는 투명한 물살이
자해하며 부수며 춤춘다
거품 내뿜는 소용돌이가
바윗돌 이끼를 꼬집어 내려다가
거칠게 화가 난 골목대장 되어 버렸다

잘못 잡은 날의 축제를
동해 바다는 재미 삼아 즐기며 철썩
보석이 칼날 되어 뿌려진 백사장
뒤틀린 이야기만 짜증을 낸다
느닷없는 여행이 욕심이었을까
바람은 아쉬움의 숫자만 더한다

헝클어진 인연들 만파에 보내고
돌아오는 열차에 육신 실으니
이제야 여행이 시작
만끽은 글렀어도 즐김은 남아
뒤틀린 날의 하루가 눈을 감는다

인간들의 전쟁에
이유는 없어도 사연 길고
끝이 없는 늘 시작의 싸움이다
내가 그랬고
네가 그랬듯이

삶의 작업실

가장 가까운 나만의 여행지
물왕리 저수지에는 사연도 살지만
눈물도 출렁인다

오늘 이곳에서는

머릿속 작은 공간을 비추는
빛의 떨림 장치가
이유 없이 떨고
물결 위에 그림자도 비틀거린다
세상의 모든 것
호수에 잠긴 불빛과 혼합되어 흔들린다
저수지 길 미끄러지는 자동차
정거장 없이 돌고 돌고 서다가
달빛에 맞아 쓰러진다
차창에 기댄 눈
하늘의 경계를 넘나들며
별과 별 사이에 내가 앉아 한마디

물왕리 저수지
이곳이 있어 웃는 연습을 한다

섬

새벽을 흔들어 깨운다
땅거미 희미하게 앉은 베란다 창가
기억의 바다를 부둥켜안고
가슴에 슬며시 노크를 한다

어제 그 섬
망각의 희망이 솟구쳤던 곳
개펄 위에 펼쳐진 잔영들
기죽지 않으려는 열정까지
바람의 흥에 춤추던 시간

사랑하는 이 닮은 바위
두고 온 긴 이야기를 다 읽었을지
우둔한 그이의 머리 긁적임이
섬보다 가까이 보인다

삶의 지혜를 담고
도시 창가에 떠 있는
한결같은 오후의 섬

너라는 사람의 독백

낙하하는 빗방울
호수 위 작은 파문 만들어
바다가 된다

함께 잠긴 수많은 이야기
귓속 멍해져 몸살 앓다가
강바닥 깊이 파낸 흔적은
가슴에 남아 출렁인다

오랜 침묵
빛을 통해 장난 가득한 얼굴
슬픔 가득한 빛을 껴안고

마음속에선
강 주위 돌고 돌고 마음 낮추고
한 잎 두 잎 심술 난 바람에 떨어진다

물속으로 천천히
가라앉은 낙엽 되어
세상과 잠시 이별을 한다

호수 섬

호수에 잠긴 구름
작은 섬 되어 출렁
멀미로 둔갑한 답들이
배인 양 춤을 춘다

덜 익은 낙엽 향연
작은 것들의 생동
눈 안에 쓸어 넣으니
세상이 퍼렇다

보는 이 닮는 세상
오늘은 무엇을 닮아 볼까

가끔은 친구로 오는 바다

긴 시간 동안 쪽빛 하늘 가르며
가슴 뜨거운 눈빛은 언어를 찾는다
조용한 미소만 먹는 육신의 나이는
계절을 추월한다

수평선에 걸친 기억은
바다를 밀어 떠나보내고
바람 아닌 인간 본능이
휘몰아치며 달려온다

술 먹고 흘린 눈물은
가슴 화폭에 매화로 피우고
숨 막히는 사랑을
거침없이 집어삼키고는

나를 돌아서
바다로 떠난 바다

그대는 아직 작업 중?

긴 아스팔트 대로
길게 누워 잠자는 중앙선도
씹지도 않고 집어삼킬 듯

백 미터 완주하는 짧은 시간을 훔쳐 먹고
숨 가쁜 호흡마저 길가 화롯불에 녹이며
바람의 아랫도리를 애무하며 달려가는

어둠은 벌써 흥분과 합류를 하려는 듯

차 안
헐떡이는 고요 속
잠든 몸을 흔들어 깨운다

건너편
뜨겁게 달구어진 어린 고구마
화끈거리는 고개를 떨어뜨린다

외로운 시인의 밤

읽으려고 가져다 놓은 책은
느닷없이 감수성 링거를 꽂고
뒤늦은 문학의 꿈은 쉼터를 제공하는데
거울 속에 핀 눈물 꽃은 아직도 시들어 있다

창 없는 하늘에 마흔의 커튼 드리우고
피곤한 육신은 의무인 듯
무작정 단어를 산란하고
생존의 언어는 별에 매달려 있다

뿔뿔이 흩어지는 시어 알들
앞서거니 뒤서거니 상념을 흡수하고
방 안 가득 찬 제목 없는 글들은
독자의 눈과 마주친다

어색한 미소가 애써 웃으려는데
겹겹이 쌓인 시어가 비웃는 듯
새벽마저 빼앗으며
여전히 백지로 남은 詩가 외로운 밤이다

술잔

짓누른 하루
고단함은 외투의 무게에
졸음이 온다

몇 번을 숙성시키고
새로운 잔에
하루의 끝을 흔들어 깨운다

술잔을 비웠을 때
눈이 내리고 있었다
자전거도 바삐 지나가다
바퀴를 멈추고
가쁜 숨을 내려놓는다

누군가 눈사람으로 다가와
가득 쌓인 눈을 털었다

새벽
소주잔을 엎어 놓고
고단한 하루를 가둔다

제부도

너의 품 안에서
사랑, 그리움 안주 놓고
탁주 한 잔 따른다

햇볕, 쓸쓸한 봄 바다
숨죽인 추억
졸졸 쫓아다니는
하늘 구름 불러 앉힌다

차가운 바람
고갈枯渴된 기억
아스라한 너의 모습
망설임을 삼켜 버렸다

빈자리에 넣을 마지막 퍼즐
마른 눈물 조각
너의 이름

짭조름한 사랑이
눈물 같아서
외면하는 가슴에
또 하나 섬에 물이 차오른다

어머니 닮은 눈물

지난 흔적 남은 시간
다 주어도 잡지 못한 사랑
가슴에 묻고도
이별의 아픔은 눈물이 난다

당신이 있기에 참고
그 사랑이 있기에
빛날 수 있는 자리

눈 내리는 날
멋진 공연 보고 난 후
어머니가 생각나서
눈물이 났다

두 눈에 담고
두 볼까지 적시어 내린 감정
덩달아 눈물이 났다

어머니 사랑합니다

언어로 날을 세우며

어느 곳을 가도
외로움은 여운으로 번져
섬 하나 덩그러니 서 있다
뱃고동 울어 더 슬프고
혼자 헤매고 숨고
파도 소리 찰싹거리는 돌 틈
세상 이야기 엉켜 부딪히는
고독한 소문 쫓는 싸움도
술렁이는 물살에 떠내려와
주름진 백사장을 누비고 다닌다
온 힘 다해 참고 되새김질하는
입 싼 파도 물거품 덮친 저편
켜켜이 쌓인 시간을 씹고 삼키고
비릿한 살 내음 감정을
물빛 푸른 바다에 기막힌 절규
시인의 울음을 갉아먹는다

허락되지 않은 공간에서

보고 싶은 빈 가슴 하늘만 본다

햇살에 비쩍 마른 낮
보고 싶어 하늘을 봅니다
겨울 반대편 아린 고통
내 몸속에 박힌 그리움
구름 비껴 달리다
걸음 걷다 멈추면
그대가 가슴 모서리 숨어
내 앞에 서 있는 듯
구름은 당신 얼굴을 그립니다

햇살에 눈이 부셔도
실눈 튼 마음 속이고 싶지 않아
꿈속 자동문 번호판 누르며
뒷걸음질 치다 그만 넘어지고
허옇게 무르팍이 까여
날 부둥켜안고 그리움 숯 덩어리
숨 쉬다 혼자 웁니다

여인의 마음이 그러한가 봅니다
한 살 한 살 중년이 되니
세월 나이 먹고 싶지 않아
계절에 헛배 부른 양
추억 빈자리 빈 가슴
그리움에 또 웁니다

오래 앓은 시간

햇살 떠돌다 빈 웃음
고통 드러나는
시간 일부분이 거꾸로 돈다

바람에 혀를 말다 침 삼키고
코끝 숨 멎는 상처
온몸 뒤틀린 붉은 눈시울

한나절 가슴 후벼
사극 보듯 말소리에 경악하고
입 벌린 한숨 소리에 더 아프다

허겁지겁 뱉어 놓은
예고 없는 일들이 눈물 훔치며
붉은 생명 꼼지락거리는

못난 웃음에
설렁한 이야기 엉긴
꽃밭에 장미꽃 하나 떨어졌다

햇빛에 걸터앉아 숨 고르는 사이에

잡았다 놓아 준다
지구 밖 한 바퀴 떠돌다 숨이 차오른다
이제는 헐벗은 너의 육신 내려놓는다

푸르른 잎새마다 이팔청춘이 되어
저 너머 바다에 물거품 같은
내 사랑아

뿌옇게 변하는 시야에
우주로 떠밀려 간 연푸른 세찬 파도에
너를 불러들여 나의 육신 부서진다

비린내 물씬 풍기는
포장하지 않은 하늘 등대도
온통 잿빛으로 바람의 빗질로 일렁인다

햇빛에 걸터앉아 숨 고르는 사이에

당신은 내 사랑

당신은 나를 사랑하나요
당신이 떠난 후 가슴 아파서
나는 울었어요

가을바람에 흔들리며
술에 취해 여행을 하고
두둥실두둥실 노래를 해요

얼마나 보고 싶었는지
눈물이 핑 돌며 자꾸 울었어요
사랑하는 그대여
당신은 기억을 하나요

보고 싶어서 눈물이 나요
피하지 말아요
그냥 웃으면서 살아가요

술에 취해 여행하고
두둥실두둥실 노래를 해요
두둥실두둥실 노래를 해요

우리는 사랑하니까
그냥 편하게 보고 살아요

우리는 사랑하니까
그냥 편하게 보고 살아요
나의 사랑아

시인인 나를 부른다

소주 한 잔에 사르르 눈 감겨 오고
추억은 밤을 새운다
드라마 같은 연속인 시간
먼발치에서 세상은 오가는 사연 보챈다
그냥 왔다 갔다 인기척 요란하고
지름길 찾아 나서지만
가끔씩 정지된 언어가 부딪힌
정거장에 서 있는 시인인 나를 부른다

밤새 슬픔은 내달렸다 다시 오고
지하철 승강기가 눈앞에 멈춰 선다

제3부

언제나 그 자리에

가을 사랑

기다림은 잠시 멈추고
긴 벤치에 앉아
도란도란 책장을 넘긴다

아직도 자라는 사랑
날카로운 책 끝 스쳐 간
아픔이 가을 익은 마음 여물 때쯤

마실 간 기억 까칠까칠
어설프게
말 없는 바람 맞잡고
말보다 앞서 눈알 굴린다

기껏 책 넘긴 페이지를 들고
저만치 달려오는
가을 하늘아
자칫 끼어들면 더 아파할 사연 안고

오래된 책 주름 보고 또 보고
보이는 만큼만 시선을 옮긴다

가을아 사랑해

긴 아픔이 투덜댄다

흰 눈 내린 찰밥 한 그릇
늙은 하얀 머리 쇠약해도
이 밥 씹으면 근육이 된다

그토록 곱게 다진 시간들
코끝 찡해 오는 마실 나간
실바람이 주걱으로 밥 뜨고

밤잠 설친 초승달은 살짝
곁눈질하며 핏기도 없다
아마도 토해 버린 탓일 거라

둥근달 무게만큼
토악질에 가늘어진 굶주림
쓰러지지 않으려고
땀 배인 사연을 먹는다

뚝뚝 털고 일어나자
흰쌀밥 티눈이 지그시 바라본다

아픔에는 정답이 없다

마냥 웃다 너를 본다

계절 바람이 나그네가 되었다
들뜬 마음이 나지막이 내려앉아
서로 바라보는 시선이 웃는다
사르르 감긴 눈가
작은 삶이 스며든 속삭임
인정 많은 그리움이 내 손을 잡는다
땀 닦아 내는 초록 잎사귀 앳된 한
여름이 주는 정겨움
생기를 가득 실은 여름 소낙비
붕어섬은 눈망울 굴리며 여유롭다

먼 길 달려가는 시간이 해맑다
빗속에 내비친 하얀 속살
여기저기 둘러보는 전주한옥마을
빠른 걸음으로 이야기꽃 앉은 풍경
알록달록 우산이 발길을 닿고
서로 방긋이 웃는다

아마도 살짝 보는 애틋함일까

기다림을 걷는다

내게로 와
지나가는 바람 곁에 미소가 가득하다
기다림에 도심도 조용하고
불빛도 꺼져 잠든다

내일이면
설렘을 잡고 다시 눈 뜨고
기다리는 사연을 부르고

같이 걸었던 그 길
분명 다시 걸을까
이제는 사로잡던 마음

또다시 시작해 본다
언젠가는

그냥 놔두면 오르는 길

우주선 같은 마음에 꽃이 핀다
나보다 먼저 앞서간 사람들
돌 계층으로 전설처럼 걸어 오르고
누구나 한 번쯤 지나갔을 길

아슬아슬한 바람이 스치고
버거웠던 젊은 기억 속에서
두근거리는 심장을 다시금 뛴다

도심가에 만남의 한 조각
한 걸음씩 다가오는 듯
삶은 결코 쉽지 않음을 대꾸하듯

앞발 앞세워
나보다 먼저 달리고 오른다

너를 기다리며

봄은 포옹하며 달려온다
다투어 터트린 순한 새싹
겨울 쫓는 바람에 설렘 얹어
추웠다 금방 풀리는 당신마냥

네 눈가 오십 줄에 정지된 시선
널 바라보는 순간의 애틋함
상사화相思花 스며든 그리움마냥

한낮의 오후
뜨거운 열기에 벌어지는 작은 잎사귀
화장기 없는 어린 마음은
미소를 보낸다 널 기다리며

귀띔하듯 봄바람은
알아챈다 이미 왔다고

자궁

긴 세월 다듬지 못한 거친 나뭇가지에 주저앉아
어둡고 깊은 웅덩이 엄마 품으로 가고 싶다
자궁 속에서 자유로이 움직이며 양수를 먹고 소변을 보고
큰 충격이나 행동으로 마음이 찢기지 않은
양수 안에서 헤엄을 치고 탯줄 목에 두르고
한참 물놀이를 했을 저 머나먼 내 고향
글썽거리는 눈가에 우주 한 방울 주르륵 흐르면
기댈 곳조차 없는 이방인 되어 길을 헤맨다
인생이 조금씩 변화가 오면서 물 밖 세상을 알면 알수록
거친 숨소리는 나를 자극하며 만파에 휩쓸려 가고
바다 한복판 둥둥 떠도는
나무껍질 갉아먹는 어둠은 이미 천년을 이끌고
반쯤은 엉금엉금 다가서 있었다

타협

손끝 사이에 걸친 기억이
아린 가슴에 마주 앉아
애써 세상을 연모하려 한다

분별 걸음 종종
그리운 마음을 흔들어 보지만
첫 줄만 읽기를 허락하니

다 알고 나면
허전해질 슬픔 막으려고
막차 탄 푸른 동해 바다는
숨바꼭질하자며 파도로 손짓한다

외출

바람에 외출을 한 나뭇잎
벤치에 몇 개 살포시
내려앉았다

의자 밑으로 수북이 쌓인 걸
한 움큼 주워 와선
방바닥에 늘어놓았다

붉은 몸부림 속
첫사랑의 수줍은 기억을
편지지 속 안
만년필로 빽빽이 털어 낸다

울긋불긋
아직 지우지 못한 푸른 분장으로
가을 소식 여행을 떠난다

세월을 먹은 억새

어린 억새풀
고사리손 흔들며
내 그림자보다
키가 큰 모습으로
한껏 자라난 억새의 향연

잘 훈련된
청년의 단계를 걷고 있는
거친 사나이의 모습으로
억새꽃 꽃씨를 뿌리며
중년의 은빛을 내뿜는다

억새의 솜털은
비단결 같은 아련함으로
금빛 분가루를 털어 내는
노년의 문턱으로 한 발짝 들어선 채
시인이 되어 마지막 억새꽃을 바친다

라면을 끓이다

노란 냄비가 배가 고픈 모양이다
허기를 채우려고
주둥이 내밀며 노려본다

우선 수돗물을 틀어 새 살 내보이게
수세미로 문지른다

수다쟁이 트리오는
날 새는 줄 모르고 조잘조잘
잠시 주변이 시끄럽다

떠들어 대는 시간 속에
가스 불이 눈을 뜬다
노란 몸이 벌겋게 달궈진다

팔팔 끓어오르는 냄비 안
샤워할 준비가 다 된 라면이
편안히 곱슬머리를 푼다

누구나 포장은 참기 힘든 모양이다

낮술에 취해 떨어진 은행

비바람에 젖어서
덩달아 구르던 은행
낮술에 취해
시멘트 바닥에 머리가 처박혔다

도로 중앙선까지 뛰어들어
이미 떨어져 의식을 잃은 은행은
아무 이유 없이 차로에서 폭행을 당했다

거친 숨을 내쉬며 악취로 뒤덮인 도심 거리를
노랗게 익은 살점이 튀고 맥없이 뭉개진 모습에
행인이 한참을 바라본다

낙엽을 썩게 만드는 박테리아
미생물이 죽은 것과 같이
도로 주변엔 잔영으로 아른거린다

점점 썩은 냄새에
먹잇감을 낚아채는 독수리처럼
손수레를 끌던 아저씨가 심한 악취를 참아 내며
빗자루질을 한다

그들은 어디로 이송되는 걸까

멈춤

대나무 근육질이 매달려
오점을 휘감은 지푸라기 생명줄에
가식이 노출되어 물빛을 흐린다

손때 묻은 낚싯대로 선을 그어
탈 많은 숫자를 찌에 감아 던지고서야
가불한 월급쟁이는 한숨을 먹는다

얇은 얼음 막
꼬챙이로 비상구를 뚫고 서니
현미경인 양 다가오는 잔영들

새치의 개수를 짓밟은 주름은
혼잡한 뇌를 휘젓고
내리막길에 굴러떨어진 그대는
어디에 머물러 허리를 눕히려나

이빨 빠진 호랑이로세

태산처럼
자식 자랑했건만
살아온 세월만큼
늘어만 가는 역경의 눈물

깊은 산맥이 노인이로세
떨어져 내린 폭포수가
허리 굽어 주저앉아 버린
힘없이 이빨 빠진 호랑이로세

어느새 왕성하게 자란
자식 놈이 손짓하며
노인정으로 몰고 가는구먼
철로 만든 새까만 자가용에 태우며

호강시켜 준다 하는구나

언제나 그 자리에

밤에 보이는 달
아침에도
낮에도 떠 있는데
해 때문에 내 모습이 보이질 않아

언제나 그 자리에
세상 이야기 도청을 하며
두 눈 시퍼렇게 뜨고
내 심장이 뛰도록
이렇게 널 보고 있다는 걸

삶에 고단함도 잊고
벅찬 가슴 붉게 멍들어
감동 없이 뜬 해가 환하게 비추기 때문
바로바로 용서가 되었지

밤에만 달이 뜨는 줄 알고 있잖아
네가 나를 못 본 줄도 모르고
너 그거 아니
노을은 해가 토해 낸 피라는 것을

마음을 위해 마시는 술

쪼르륵 매달린 영롱함도 몸을 낮추고
기포가 생겨 늘어나는 지상의 날렵한 새벽도
뭉클한 그리움으로 빚어 낸다

눈부신 상상력으로 강렬한 눈빛으로
우주를 헤엄치며 술병은 비워져야 할 운명
술잔은 헐고 닳도록 입술 붙잡고 작업에 정신없다

진저리나는 요놈의 세상이
먼저 취해 쓰러졌으면 좋으련만
정신은 말짱해 주정이 길기만 하다

森羅萬象(삼라만상) 안주 삼아 또 한 병 잡으려니
세상이 먼저 주먹을 날리곤
비웃던 전봇대가 엿가락 춤을 춘다

너털웃음은 여자에게 안 어울린다 놀리며
태양 뒤에 숨으려는 새벽달을 쫓아
흔들흔들 화색 상자로 들어간다

장맛비

하늘도 멍든 것이 있었을까
빗줄기는 온종일 작은 연못 공사 중
어쩌다 떨어진 잎은
더 큰 길을 기다리는 동안

애써 만든 설렘의 시간에서
외진 길 끝 한줄기 고운 기억이
저물도록 시간을 만져 보다가
속 시원하게 털어 내는 하늘을 본다

거리에 나뒹굴며 앓는 소리
마음에서 분리된 가슴 열어도
고장 난 혈관 통증보다
더 쓰리게 골을 깊게 판다

난폭한 비는 성냄을 더하고
찌든 속내가 숨을 곳은
고작 내 집 창가 언저리
내버려 둬야 하는 인연뿐이다

사악한 뱀

삶을 찾아 그 끝은
묵은 허물 벗어버리듯
단숨에 집어삼키려는 사악한 주둥이
특수훈련을 받아 약자의 피를 빠는
끝없는 거짓말이 쏟아지고 있다

우주 바깥 꿈꾸는 이방인에게
제멋대로 꾸며 내는 무수한 이야기로
자신의 성난 노출에
위험의 신홋불이 켜진 것인지

붉어져 가는 그 생의 절정이
내 심장에 닿아
서서히 속도를 빠르게 지나간다

얄팍한 웃음 뒤 능구렁이 들어앉아
사악한 표정은 이 산 저 산 넘나들고
지나온 시간만큼 들려오는 허다한 말들
새로운 허물벗기 놀이에 작업 중인가

시간이 지나면 또 어떤 행동을 할까

하루가 머무는 자리

부엌 한 켠 나만의 자리
'그냥'
이곳이
소슬바람 맞으며
오후의 햇살이 머물러
비지땀을 흘립니다
그리운 존재가 있다는 걸
내 손 끝자락에서 그려 내며
찾아가는 길
근심 쌓인 순간
맞닿은
흔적을 그려 가는 걸
끝내 채울 수 없는
그리운 얼굴아
손끝 닿아
녹아질 듯한
달
그림자
어느새
물방울이 맺혀
소리를 냅니다

제4부

책장 넘기는 하루

억새

다이어트를 한 지 며칠째
빨대로 된 줄기 속이
텅 빈 배 속

쭉 뻗은 가냘픈 몸
바람에 흐느적거리며
현기증으로 들판에 누웠다

풀죽은 햇볕에
말라붙은 갈잎도
새벽녘 내린 이슬로 수혈을 한다

앙증맞은 꽃에 맺힌 방울
억새 줄기 허리춤에
와 닿는다

해 질 무렵
석양에 비친 억새는
여치베짱이 암컷이 줄기를 뜯어 먹는다

억새는 언제 살찌우려나

넘치는 휴지통

신의 뜻 읽을 수 없어
세상에 대한 오보가 난무
얼룩진 계절에도 눈이 온다

메시지의 정열로 밝힌
촛불 행진은 이어지고
대중매체에 눈먼
시인의 마음을 잡는다

시어를 짜 맞춰
칠삭둥이 잉태하고
미역국 대신
소주 한 잔을 말린다

위선의 탈을 벗기려는
고뇌의 시간은
지겹도록 주절거린다

어디에든 섬이 있다

호수에 잠긴 구름
작은 섬 되어 출렁
멀미로 둔갑한 답들이
배인 양 춤을 춘다

덜 익은 낙엽 향연
작은 것들의 생동
눈 안에 쓸어 넣으니
세상이 퍼렇다

보는 이 닮는 세상
오늘은 무엇을 닮아 볼까

내 집 창가에서

침묵 끌어안고 말없이 움직이는 그대
지난 꿈속에서 미래를 이야기했지
이른 아침 골목에서
반복되는 삶 커피 향 쉼터 창을 열고 머리 위에
터져 나오는 변화를
엇갈린 현실 속에 묻는다
봄春 먹어 말 많은 동네 아낙네들
진달래보다 먼저 펴 시끄럽고
언덕길 구르는 바람이 대로를 향해도
자동차는 멈춤에 인색하다

세월 접어 학 만들어 날리고
만상을 뒤따라 보내도 그건 순간의 만족
무게는 쇠에서 솜으로 변했을 뿐인데
듣기 싫던 아줌마 조잘거림이 궁금해진다

내 집 창가 사이에는
소설도 있고 노래도 있고 시도 있다

완행열차가 애인이던 날

무방비로 노출된 정신을
괜찮다 애무하며
늙은 열차에 급히 육신 실었다

아내가 아닌 엄마도 아닌
여자인 채
남쪽 능선에 멈춰 선 여행

세상이 어제와 다르다
하늘과 땅이 다르다
콧속에 스며든 바람이 다르다

모든 것이 최고이고
혼자 꼴찌여도
지금 나는 행복한데

열차가 도시를 가리키며
돌아가야 한다고
기적 소리에 깃발 춤을 추고 있다

허겁지겁
지금 기억을 수채화로 그리려니
白毛만 가득 흑색이 드물다

덤으로 사는 시간에

숨 가쁘게 달려온 삶
일단정지에서 만난
잃어버렸던 꿈

감수성 소녀로 찾아와
여인을 깨운다

깨알같이 모여 달려드는
언어의 외침이
시어가 되어 안긴다

까닭 없이 떨어지던 낙엽도
절기마다 찾아온
꽃이며 바람이며 향기가
이야기로 잉태한다

느닷없이 시인으로 태어난 날
하나를 찾았다

나를
그리고 꿈을!

담장 너머로 핀 능소화

어느덧 낯익은 얼굴 쏙 내밀며
말라 비틀린 가슴에 혼을 적시며
장맛비 먹은 능소화

담장을 휘감은 초록진 꽃잎도
빗물의 무게를 겨우 견딘
세월을 지탱하는 당신의 청춘

고통의 시름도 어설픔에 울컥
시멘트 바닥에 저울질하다
목만 뚝 떨어져 바닥에 누워
감기는 눈꺼풀에 서서히 잠이 든다

이제는 쉬고 싶어 꺼져 가는 魂줄
젊은 시절 화려했던 흔적을 등지고
아 나는 가련다 가고 싶은 곳으로

흔적은 기억으로 떠났다(철거)

낡고 초라했지만
화롯불, 할아버지 감자 향기였고
배내옷, 어머니 품이었을 집들

보이는 것이 전부인 채 사는
인간들의 욕심 명령에
문명의 기계는 무감각 복종하며
집단 생매장에 정신없다

목장갑 낀 하이에나는
필요한 짐들을 봉고차 내장 속으로
터질 듯 밀어 넣고
배부른 개犬의 풍요만큼이나
미소 씹으며 떠난 뒤

검붉은 평지에 선 시인의 발밑
삶의 주검들이 시위한다

살고 싶은 게 아니라
함께하고 싶었다고

영종도 가는 길

이른 새벽이다
어린 새끼는 잠들어 아무것도 모른다
그저 깊은 여행을 하고 있을 뿐이다

밖을 좋아하는 어미를
바람은 자꾸 나오라 손짓하며
낯설지 않은 길을 인도해 준다

어둠은 하룻저녁을 들이마시고도
성급하게 또 안개를 먹는다

들뜬 마음을
시간은 머리 위에 주저앉히고
잠시도 쉴 줄 모르고 날을 새운다

아무도 없는 시간

커피 한 잔과
조각난 빵 부스러기가
물끄러미 나를 바라다본다

어지럽게 늘어져 있는
허접스러운 쓰레기들을
재활용 봉투에 다 감금시킨다

조잘조잘
시끄럽던 전화기마저
오늘은 조용히 잠을 잔다

먹성 좋은 녀석은 지금 외출 중이다

여드름

긴 타월로 뻑뻑
뽀얀 살결을 문지른다
톡톡 불거진 수줍은 꽃잎
목덜미로 살짝 숨어 쳐다보며
말을 건네 온다

두 볼 사이로 잔뜩 심통 난
어린아이가 앉아 있다
금방 터질 것 같은 꽃망울이
아슬아슬 어릿광대다

말 많은 줄타기 일하며
한 묶음 두 묶음 매듭지어 간다
이어져 가는 시간

어깨 너머로 보이는 동백꽃
금세 잠들고 싶어진다
지금이라도
몽우리를 터뜨리고 싶다

순두부와 곱슬머리가 동침을 한다

팔팔 끓는다 순두부
검정 냄비 양손을 잡아당기며
비닐 속에 밀봉된
사각 라면은 벌거숭이가 되고
얌전히 머리를 풀어헤친다

손으로 두 개의 스프를 털어 넣고
맥없는 젓가락은
곱슬머리를 풀어헤치고
쓰디쓴 쇠주로 목을 축이며
긴장된 내장을 녹여버린다

퉁퉁 불어터진 면발은
아직도 갈팡질팡 헤매고
빨간 고춧가루로 치장을 하며
물렁물렁한 순두부와
곱슬머리가 동침을 한다

영종도 낚시터에서

멈춤,

한 점의 오점을 찍고
지푸라기 꼬인 생명줄에
마디마디 걸친 대나무 근육질마저
노출시키며 살아 숨 쉬다

빛바랜 낚싯대로
말 많은 숫자에 찌를 꽂아
후식을 가불하고서야
호수 저편으로 밀어 넣었다

얇은 얼음 막
꼬챙이로 잡아당겨
구멍을 뚫고 현미경 없이 들여다본다

하얀 머리 개수만큼이나
묵는 눈가에 주름을 닦아
나름 스트레스로 생긴 가쁜 숨을 쉬며
그 급한 내리막을 잡아당긴다

낙원동의 봄

** 조세희의 난쏘공에 나오는 지명

텅 빈 집
허물어져 벌거숭이가 된 채
이미 상처투성이인 작은 마을

인부들은
양손에 하얀 목장갑을 끼고
필요한 연장들 처매고
생의 전쟁터로 길을 떠난다

인정사정 혼을 다 빼놓고
전신을 휘두르며
박힌 못과 마른 장작을
때리고 부수기 시작한다

그들은 시간을 먹으며
쌓여 가는 희망을 하나 가득
봉고차 내장 속으로 앞서
모아 둔 마른 장작을 차곡차곡 저장한다

한적한 시간을

멀리서 뛰어오는
자취를 남기고 지나가는 배가
짙푸른 파도 따라 바람 지나가고
투명해 손에 잡힐 듯한
눈길이 멈추어 세운다

내 삶의 의미를 침묵으로만 파도처럼
어떤 때는 부드럽게
어떤 때는 사납게
수면으로 날갯짓하는 괭이갈매기처럼
벌판에 끝없이 펼쳐진다

작고 허름한
시골집의 마을을 계속 지나는 동안도
활처럼 휘어진 해변을 거닐 때도
한적한 시간을
바닷물에 텀벙 담그고 갇히고 싶다

시골 가는 논두렁에서

설렘으로 골목 길가에 핀 꽃
고향 가는 길가 논두렁에도 피었다
고운 눈으로 바라보면 안 될까
낯설게 몰고 간 가을바람도 조용히 왔다 되돌아간다
푸른 하늘의 구름은 짓궂은 얼굴을 한다
진실이었던 슬픔마저 간간이 어루만지던 시간
내 사랑 끝에 생긴 눈물도 녹아내린다
순순한 인연의 매듭이 강으로 흐르는 물거품이었던가
마음은 갈라진 논두렁에 눈물을 떨어뜨리고
애써 참아온 슬픔이 두렁에 물을 댄다
눈을 뜨고 가는 하루가 변해가면 이유가 있겠지
시선이 따가운 빠듯한 삶 속에서 모내기 준비를 하고 있다
농부는 논두렁에 듬성듬성 인생의 삶을 꽂는다

앙금 가라앉은 물에 흙도 조심히 털어 낸다

커피 한 잔에도 사랑이 산다

모두가 죽는 연습을 하는 시간이다
책장 뒤적이며 페이지를 넘는다
중간쯤에 연필을 놓는다
주전자에 그리움 부어 끓인다
긴 이야기가 부글부글 호흡을 시작한
다키스의 정열을 연꽃 핀 잔에 붓는다
손짓하듯 스멀스멀 김이 춤을 춘다
웃는 모습으로 떠 있는 그대가 보인다
젖은 입술로 사랑 한 모금이 뜨겁다
애무하며 전신을 불태운다
비어 가는 잔이 식어 간다
두 손으로 감싸고 볼을 비빈다
그대의 속삭임이 들린다

그대는 아직도
저편에서 그저 웃고만 있는데

책장 넘기는 하루

책상 위
말끄러미 보다가 이따금 놀란 얼굴로 더듬거린다

불현듯
묶은 먼지 쓰다듬던 손으로
책장 넘기며 산고한다

무뎌진 호흡 연습하며
한 장 한 장
집중해서 보는 눈이 뻑뻑하다

옹알이 같은 신음을 낳다가
이내 접어진 책 위에 엎드려
긴 꿈길을 거닌다

달콤한 바람이 분다
애틋한 향기가 퍼진다
짧게, 짧아서 더 아름답다

내용은 늘 기억에 없지만
책장 넘기는 날엔
덤으로 사는 세상을 선물 받는다

애써 혼자되어

빛이 헐거워 해 풀어지고
기억은 스멀스멀 가을을 걷는다
집착이 사그라진 열정은 심장 깨우고
저 먼 연결고리에서
기억의 한 편을 들추어낸다

바람은
빛이 허락되지 않은 곳에서
끊임없이 질문하고 있다
삶이 어떻게 소통하는지

언어 잃은 가슴은
의미에 젖어 허구적
골방에 울려 퍼지는 노래는
술주정보다 더 지겹다

평생 내달리는 삶에
쉼표 찍어 두고
판단과 결정이 필요한 일은
모두 재워 버린 밤

아픔을 내 것으로 탓하고자
눈물과 떨어져 홀로 남아 있다

제5부

기다림의 미학

사연은 늘 슬프다

떨어지는 눈물 무릎에 앉아
지독한 삶 압박하며
비릿한 냄새 토해 낸다

시선은 아파 어지럽고
붉게 피어난 동백꽃은
향기 없이 냉혹하다

먹물 물든 자신을
죽음에 호소하며
터져 버릴 것은 꽃망울

어이할꼬
가여운 어린양 부름에
발등 찍고 일어서고

끝자락
빛으로 착각한 믿음만이
힘없이 동행한다

낡고 늙은 먼지

낡은 책상 앞에 앉아 먼지를 본다
매일 조금씩 쌓여 날 지켜보듯
눈초리가 낯설지 않다
책상 머리맡에 이 넓은 세상
내가 숨 쉬고 있음을 확인하며
마음 접어 둔 추억
가끔은 혼자서 힘든 시간
나는 창문 열고 전깃줄에 앉아 있는
새를 바라본다
창밖의 새는 명랑한 소리로
이 넓은 세상 고마운 마음들이
날마다 나도 모르게 찾아와
내가 숨 쉬고 있음을 확인한다
마음 접어 둔 책갈피를 펼치며

밑그림 없는 삶 끝에 엉킨 여운

가진 것 없어도
나와 네가 다른
마음 한 켠 그 여운
잠들기 전 기진맥진 눈 감으면
몇 번이고 생각의 밑바닥에서
뇌리를 뚫고 스멀거린다
오래전 헌신짝 버리듯 내던진
따스한 정 있던 너의 모습
아직도 가슴에 자리한 너이기에
메마른 보고픔은 목이 타들어간다
세상에 엉킨 인연
가끔은 계절 빛바랜
과거를 만나 기력을 다해도
다시 시작할 수 없는
어스름한 향연이 네 집 앞 거리에서
숨 막히게 사는 게 급급해
눈물처럼 재촉하는
세월을 붙잡지 못한
호흡만 있을 뿐 표정은 없다
미워하면 무엇하랴

이미 가 버린 도화살의 날렵한 능력인 것을
그냥 스치는 바람인걸
오늘마냥 소낙비 뿌리듯
그 끝 기억도
고백 없는 제멋대로인걸
언제나 덧씌워진 삶 밑그림 굴러 번지듯

폭설

눈부신 햇살이 눈물짓는다
언제 왔는지 모르게
펑펑 퍼붓는 너는
참 어처구니가 없다

무늬 그럴싸하다
진즉 효도하지 그랬어
매번 때를 놓친다
예전에 치매로 못 알아보는
아버지도 그랬다

나중에 후회하며 대성통곡 말고
살아 계실 때 자주 찾아와야지
잘하라는 말 헛소리로 듣지 말고

지금이라도 잘하자
가족회의는 폭설로 내려앉았다
일주일에 한 번씩은 각자 챙기시고

긴 긴 세월 살아오신 85세
엄마 머리 어느새 하얗게 뒤덮였다
며칠 전 감기 예방 주사 맞으시고 누워 계신다

마음이 눈물로 녹아내린다
펑펑 쏟아지는 폭설보다 더 운다
검은 구름 사이로 링거 바늘이 꽂힌다

눈웃음이 웃는다
그리움 쌓인 세상이 살짝
치매로 찾아와 지난 삶을 뒤덮고
새하얗게 다 잊으라 한다

금세 녹아 버릴 지난 흔적
이제는 더 잘해야 한다
팔뚝에 꽂힌 수액에 사랑을 집어넣는다
아주 오랫동안
두근거리는 가슴을 잡는다
아직은 살아 계시니 폭설이 와도 좋다
오래오래 사시길 간절히 애쓴다

버리고 비운다

집안일은 치워도 그대로 있다
빛바랜 시간이 흐르고 오고 가는 촉촉함
손끝에 잡히는 작은 여운들
매일 만지고 옮기고 다시 치우고
이것들이 결국에는 쓰레기통으로 직행한다
간혹 만지작거리는 미련이 굳은살 같다
이렇게 부스럭거리는 일상 속
또 무엇을 담고 버리고 움직일까
긴 세월 함께했던 흔적이 서운함을 표현하고
이내 내 탓을 하는 듯 빤히 본다
구석진 저 물건은 버릴까 말까
마냥 고민하는 태도는 미련이겠지만
결정하고 나면 마음도 편안해지겠지
내일은 서둘러 버려야겠다

현관 앞에 두고 오늘은 잠든다

봄의 전령사傳令使

냉 추위 어둠에서 자란
땅 깊숙이 파고든 하얀 속살
흙과 동무 되어 버텨 낸 시간
잔뿌리가 뻗는 생명의 힘
봄을 알리는 傳令使
계절의 향긋함이 마음을 품는다
연둣빛 살아 있는 공기 마시며
땅을 파고 파도 깊어진 인생아
꽃샘추위 다독이며 잘 자랐다
슬픔도 새벽바람도 아팠을까
아니 내 마음 같았을까
겨우내 숨겨 온 연한 속살로 너를 보는구나
이제는 매년每年 만나자
구수한 냉이 된장국 끓여 마음 녹여 줄게

빛의 꽃 보듯 어둠은 털어 버리자 냉이야

비릿한 냄새 옹알이

멀리 갔다 멀다
바다로 떠나 포류해도
뉘 너를 받아 줄꼬
이미 배 떠나고
바람칼에 찢긴 돛단배
잊어라 가라 하네
속 터진 공기가 움직인다

봄보다 먼저 터트린 주둥이 벌어지듯
아픈 상처 누렇게 핏줄 튀어 오르고
스멀스멀 스며든 거품이
3평짜리 파도가 악마로 달려든다

뭔 미련인고
가라 가라 해 지는 바닷가 뜬금없는 욕심이더냐
뿌연 거품 토하듯 밀려든다

이미 못 풀 비릿한 냄새다

무책임한 자식

잘 가시오 잘 가
지키지 못하니 잘 가오
아버지여 용서하지 마소서
같은 아들이 떠났네
한 배 속에서 태어나지 않았으니
이제 잘 가라 보내 주오
다시는 오지 말거라
갔으니 네가 원하는
니 멋대로 하렴
지금은 네가 나올 때가 아니다
지금은 아버지 시간이다

푹 쉬는 공간에서

산다는 것은
누구에게나 주어진 삶
어떻게 책임감 있게 사는가
지금도 전전긍긍 살지 않았는가
후회를 반복하며 남한테
피해를 주지 않았는가

이해심과 욕심 속에
나는 얼마나 이익을 추구하였는가
나만 잘났다 나만 믿고
따라와라 하는 말은
아무런 조건이 없어야 한다

과연 진심이었던가
거꾸로 돌아가는 필름 안
과연 나를 내려놓으며 살아가는가
나를 내려놓고 살아야
분명 뜻하는 바가 이루어지리라

살짝살짝 부리는 욕심은
자신을 망가뜨리는 달콤한 초콜릿이다
버려야 채워지고
잊어야 다시 새로운 인생의
첫출발을 내딛는다

만약 나를 위해 시간을 움직이고
자신을 위해 산다면 모든 생각과 행동을 베풀고
이해하며 남을 괴롭혀서는 안 된다
자신이 잘났다는 생각과 이기심과 교만은
때가 되면 허상과 마주치고
흙탕물 가득 튀긴 사연만 마중 나간다

자신을 사랑하라
인생은 위대한 예술이다
원하는 대로 생각이 부족하면
부족한 대로 선하게 자신을 예쁘게
아름다운 모습으로 만들어 가는 길이
곧 삶에 가치가 있나니....

오늘은 오늘에 충실하자

생각과 행동이 다른 빛은 어떻게 번질까

세상은 떠든다
누가 조용하다 하더냐
제 몫의 숨소리로 울리는 열기
나는 입 다물고 귀 막고
인공지능 의자에 내 몸을 맡긴다

엉덩이 꼬리뼈 속까지 두드리며
머릿속을 잠재운다
시작은 다르게 소리쳤다 하더라도
맥락은 같은 습성이겠지
그냥 헛웃음을 짓는다

새벽 아침부터 찾아온
여름을 시원하게 몸으로 느낀다
역시 휴가나 다름없다
노곤하게 상큼한 마사지를 하니
한결 마음이 가벼워진다

발끝에서 손끝으로
앙증맞은 감각을 꾹꾹 누르고
다시 말해주며 나를 부른다

나는 여름휴가 중

등짐 내려놓기도 버거운 생 앞에서

야윈 몸 돌고 돌다
쭈그리고 마는
늙어 몸짓하나 여린
전고미증유前古未曾有
한칼에 자르고
밤새 가슴 한 켠 팔랑귀 앞장선다

어느 날은 길에서
만났다가 떠나간 인연 닿을 듯
잠자리 한 쌍 길을 재촉하다
제 몸 흔들다가 산산이 허밍하듯
앙금 파낸 씨앗 조용한 여향餘響

제 속 까맣게 타는 줄 모르고
휩쓸려 그 모습조차 보이지 않은
세월 흐름에 채색菜色되듯
곧 알겠지
슬픔도 기쁨도 주억거리며

결국 저 홀로 남겨진 늙은 몸이라는 것을
바보처럼 웃으려나
그 흔적 어리석음도 보듬다가
냉기 찬 속 쓰림도 먼발치에서
그냥 손 흔들며 기다리다
지금은 아린 마음 접는다

또 다른 나를 부르듯

고약한 인생살이

새벽 알리는 닭 울음소리에 눈을 떴다

애틋한 목소리가 굽이굽이
산 문턱을 두드리고
산자락은 잔잔한
바람에 일렁거린다

시리도록 눈물겨운 여름
독백이 띄엄띄엄 읽어가는 그리움
지금도 눈과 귀에 찾아온
캄캄한 새벽녘
그 울음은 울려 퍼진다

작은 체온에서 목청껏 울다
교차하는 공기를 부풀려
애써 숨구멍 닫히는 간절함
세상 페이지에 귀 기울이다
눈시울 적셔 놓은
혈관 속 피맺힌 소리

천천히 밝아오는 동구 밖
새벽 속내 펼쳐 내는
제 몫의 숨 엿보다
모른 척 지금은 조용하다

너와 내가 그러하듯

기억에서 새벽 눈을 떴다

비는 계속 온다
휙 지나가는 차량
너를 봤다
비 맞은 파란 신호등 동공이 커졌다
그리고는 빨간 신호등으로 멈추었다

어디를 가는 걸까
네 등 뒤가 무겁다
아주 많은 짐 보따리
어찌 무겁지 않겠는가

꼭두새벽 아른거리는
먼지가 나를 부르고
세상 아무 일 없듯 지나간다
서로 달리고 멈춰 선 시간

눈치만 시선을 달래고
산 너머 보이는 안개가 흩어진다
언제 그랬냐는 듯

지금 저 빗소리는
버거운 양을 물로 채우는 중

쏜살같은 너는 오고 있는 거니

눈발 앞세우며

밤길 비집고 가로등 먼 거리에서 펑펑 쏟아진다
겨울 한나절 찌뿌둥한 몸뚱아리 추위로 떨고
흰 눈발 녹아든 마음이 더 춥다

서글픈 눈물은 한기에 떨어지고
속내 알지 못한 지독한 번뇌가 땅으로 떨어져
시골 처마에 고드름으로 뾰족 날 세운
칼날을 눈으로 가리고
사랑 홀리듯 머리를 헝클어뜨린다

동네 골목 옴팍 파인 거리
시끄러움은 가던 길 묶고 맥없는 심장에
몸부림치듯 단숨에 인연이라고 쥐락펴락
못된 마음이 인상 쓰며 낚아채 버렸다

갑작스러운 소음 탓일까
성질머리 한 장이 하늘에서 떨어져
동공으로 스치듯 그림으로 떨어졌다
그 마음을 들여다보는 녀석
아무리 아니라 속여도 금세 들통 나는 못된 성질머리

눈발 날리던 흑심에 고약한 흙냄새 섞어 들고
연륜 잃어버린 한쪽 발을 쳐들고
으쓱대지만 쓸모없는 욕심이라

허름한 옷 적시며
밤새 내린 눈발 사이로 또 태연한 척 끼어든
못된 그 성깔이라
오돌오돌 추위에 떨며 온다
이젠 그녀를 떠나려 한다

심장 하나 얼었듯
눈물 한 방울 얼음 속처럼 뚝 떨어뜨리며
그녀를 앞세워 성질머리가 문턱을 넘어선다

겨울마저도 몸부림쳐 고개를 절레절레 흔든다

붉은 꽃 입술

몸 밖으로 빠져나가는
흥분된 여름은 감각을 찾는다
연잎에 입술을 대고
민감한 콧등에 비비듯
뺨에 댄다
순간 숨죽인 여린 바람
얼굴 맞대고 연꽃잎 하나 터진
그 꽃자리에 그리움이 대롱대롱거린다
눈앞에 펼쳐진 푸른 잎들
붉게 충혈된 움직임의 정지
나의 시선을 하늘에 박고
언어로 얽힐 듯 말듯
시 구절의 페이지를 넘긴다
초록빛 연잎이 움직인다
여름 붉은 입술 시울边儿에
꽃들이 웃는다

여름을 만지는 내 손짓
세상 모든 꽃이 가슴 뛴다

가장 뜨거운 밤

개구리가 우렁차다
해 떨어지니 여름밤 날벌레들
연못에 이끼 푸른 열꽃
밤빛 아래서 달빛 그림자
눈 반짝이는 어린 개구리

긴 꼬리 짤막하게 흔들며
어느 날 뒷다리 쏙 나오더니
폴짝폴짝 풀 속을 뛰어다니고
널 바라보는 바람이 춤춘다
정지 사이에 숨 쉬는 움직임
방금 마음 빠져나간 내 눈가

너의 시선에 앉은 나
어둠 속에서 순식간에 덮치고
내 신발에 앉더니 거침없이
풀 속으로 몸을 숨긴다
익숙하게 튀어나온 어린 너

연잎 사이로 달밤을 포옹하듯
자유롭게 헤엄친다

집 가는 길 너를 기다린다

바람이 툭 친다
꿈에 부풀던 어린 시절
마음 밭에 씨를 뿌리고

제법 큰 우주를 탐내며
마음 가는 대로 기억력 더듬고
살아온 인생은 험난했을까

꿈 많았던 어린 마음의 뜰
하고 싶은 것도 많고
그림을 그려 내며 내 안에
꿈을 키웠다

아직도 가슴에 맴돌고 있는
유년의 시절을 떠올리며
숨은 재능을 살려 꽃을 피우고

지금도 지켜 내려는 안간힘
인생 숙제에 펜을 잡고
그 위에 나는 시를 쓴다
시도 그림으로 풀어내는

인생의 퍼즐을 맞추는 중

주어진 삶

내가 잘 살아도 못 살아도
주어진 삶이 소중하다
예쁜 사기그릇 하나 똑 떨어뜨려 깨져도
쓰레기통 속 세상에 버리고
우리는 또 마음 하나 비우며
웃고 떠들고 자신을 감금하지는 않는다

어느 해 봄날처럼
웃음 조각 흩어지는 모습
눈 감고 그 중심에 연약한 나이 한 살
가는 길 묵묵히 기다려 주면
깨진 그릇은 한 해만큼 삶도 자란다

누구나 평등한 그 자리에
천년의 세월 눈 마주치면 발아래
짧은 만남도 마음의 병은 사색이 되어
서로에게 의지하며 아픔을 치유한다

온몸 감겨 오는 애잔함
그 뒤를 따라가는 인생 가르침

마음 맞추어 나 여기 있다고
깨진 마음 초심 맞추다 보면
자수정 수놓은 빛 봐 달라
소리를 지른다

지존을 뽐내어도
지친 몸에 아프다 가슴 조이며
오롯이 습관을 버려야
그제야 규칙의 시간이 움직인다

자신만의 사색의 연장은
조각난 가슴 쓰레기통 친구일 뿐

기다림의 미학

봄 향기 폼 잡는다
술병 꽃향기 잠들지 못해
홀로 취해 버린 꽃잎
기억도 빈방 둘러보고
침 삼킨 목젖이 젖는다

술 한 잔 별빛 섞어
입맛도 놀란 혀끝
우쭐했던 꽃잎은 서둘러
술 핑계 삼아 흐트러진다
마음 타는 얼굴빛

입술 적신 연분홍 몸짓
때론 외로운 봄 치장으로
술 한 모금 사랑에 빠지듯
잠시 내 몸에 머물다 가는

네가 바로 꽃술이로구나
결코 흉내 낼 수 없는 맛

작가 프로필

임 채 화
시인, 화가

· 시와창작 작가회 회장 (전)
· 시와창작 발행인 (현)
· 시와창작 출판사 대표호:우영旰營
· 계간 문학광장 신인상 수상
· 제3문학 등단
· 시와창작 발행인 (현)
· 시와창작 출판사 대표
· 시산 작가회 편집장 (역임)
· 문학과 예술 편집장 겸 사무국장 (역임)
· 한국 문인협회 회원
· 광명 문인협회 회원
· 시마을문학회 이사
· 시산 계간 웹북 작가회 편집장(역임)
· 한국신맥회 회원
· 한국 미술 여성작가회 운영위원
· 평화 통일 위원회 자문 위원
· 제1회 프랑스 파리 100인 초대전 초대작가
· 제27회 대한민국 우수작가

- 신춘기획 대전 초대작가
- 한국신맥회 10주년 신맥 모티브 우수작품상 수상
- 일본 대판 공모전 금상 수상
- 제27회 대한민국 전통미술 대전 입선
- 2010년 제20회 한국 여성 미술 공모전 특선 수상
- 한국신맥회 10주년 신맥 모티브 전시
- 인사동 조형 갤러리 작품 전시
- 중구 문화원 전시
- 인천 한중 문화관 한국 미술 여성작가회 단체전 외 다수문학 동인지 다수
- 한성대학교 시창작 학습교육원 수료
- 종합문예 시창대학 시창작반 1기생 수료
- 2009년 5월 구로중학교 총동문회 부회장 위촉장
- 2010년 12월 시산작가회 편집장 공로상 수상
- 2012년 1월 제27회 통일맞이 대한민국 전통미술대전 입선 수상
- 2012년 10월 한국신맥회 정회원 위촉장
- 2012년 10월 여수광양항만공사가 후원 신맥모티브 10주년 기념전 출품
- 우수작품 선정 표창장 수상
- 2013년 7월 해뜨는집 주부가요제 인기상 수상
- 2014년 해뜨는집 주부가요제 금상 수상
- 2014년 시와창작 작가회 감사패 수상
- 2015년 8월 대한민국 충효대상 수상(시 문화 부문 발전 공로상)

- 2016년 대한민국을 빛낸 충효 대상 수상
- 21016년 대한민국을 빛낸 사람들 대상 수상
- 2016년 11월 5678 서울도시철도 가을문화축제 문화공간 감사장 수상
- 2017년 8월 대한민국을 빛낸 충효 대상 (시부문)
- 2017년 5월 자랑스러운 대한민국 시민 대상 수상
- 2018년 대한민국 공예예술대전 시화 특별상 수상
- 2018년 11월 6회 대한민국공예예술대전 입상 수상
- 2018년 8월 국제라이온스협회 회원패 수상
- 2018년 대한민국을 빛낸 100인 대상 수상
- 2018년 5월 시와창작 작가회 명예회장 임명장
- 2019년 4월 한국문인협회 제27대 시서화 진흥위원회 회원 선임장 임명
- 2019년 10월 대한민국을 빛낸 시민 대상 수상
- 2019년 12월 한국인 대상
- 2019년 10월 자랑스러운 한국인 대상
- 2019년 6월 한국직업능력개발원
- 명강사 1급 지도자 자격증
- 시낭송 지도사 1급
- 방과 후 지도사 자격증
- 웃음지도사 1급 자격증
- 실버웃음 체조지도사 1급 자격증
- 스피치지도사 1급 자격증
- 학교폭력예방지도사 1급 자격증
- 2019년 6,7,8월 총신대 평생교육원 수료증

- 2021년 12월 IW연예대상 문예출판 S수상
- 2022년 12월 IWS방송 연예대상 문예출판인상 수상
- 2023년 시와창작 작가회 공로상 수상
- 2024년 진접파출소 생활안전 협의회 위원